BEI GRIN MACHT SICH
WISSEN BEZAHLT

- Wir veröffentlichen Ihre Hausarbeit,
  Bachelor- und Masterarbeit

- Ihr eigenes eBook und Buch -
  weltweit in allen wichtigen Shops

- Verdienen Sie an jedem Verkauf

Jetzt bei www.GRIN.com hochladen
und kostenlos publizieren

Bibliografische Information der Deutschen Nationalbibliothek:

Die Deutsche Bibliothek verzeichnet diese Publikation in der Deutschen National-bibliografie; detaillierte bibliografische Daten sind im Internet über http://dnb.d-nb.de/ abrufbar.

Dieses Werk sowie alle darin enthaltenen einzelnen Beiträge und Abbildungen sind urheberrechtlich geschützt. Jede Verwertung, die nicht ausdrücklich vom Urheberrechtsschutz zugelassen ist, bedarf der vorherigen Zustimmung des Verlages. Das gilt insbesondere für Vervielfältigungen, Bearbeitungen, Übersetzungen, Mikroverfilmungen, Auswertungen durch Datenbanken und für die Einspeicherung und Verarbeitung in elektronische Systeme. Alle Rechte, auch die des auszugsweisen Nachdrucks, der fotomechanischen Wiedergabe (einschließlich Mikrokopie) sowie der Auswertung durch Datenbanken oder ähnliche Einrichtungen, vorbehalten.

Impressum:

Copyright © 2013 GRIN Verlag, Open Publishing GmbH
Druck und Bindung: Books on Demand GmbH, Norderstedt Germany
ISBN: 9783668617216

Dieses Buch bei GRIN:

https://www.grin.com/document/387626

Anonym

Die Schulmusikerziehung zur Zeit des Dritten Reiches

GRIN Verlag

GRIN - Your knowledge has value

Der GRIN Verlag publiziert seit 1998 wissenschaftliche Arbeiten von Studenten, Hochschullehrern und anderen Akademikern als eBook und gedrucktes Buch. Die Verlagswebsite www.grin.com ist die ideale Plattform zur Veröffentlichung von Hausarbeiten, Abschlussarbeiten, wissenschaftlichen Aufsätzen, Dissertationen und Fachbüchern.

Besuchen Sie uns im Internet:

http://www.grin.com/

http://www.facebook.com/grincom

http://www.twitter.com/grin_com

Die Schulmusikerziehung im Dritten Reich

Inhaltsverzeichnis:

1. Einleitung:

Musik hat über die Zeit hinweg immer eine große gesellschaftliche Rolle gespielt. Vom prägenden Identifikationsmittel ganzer Jugendkulturen bis hin zu politischen Hymnen lässt sich die Verbindung von Geschichte, Mensch und Musik nicht leugnen.

Mit der Machtübernahme von Adolf Hitler am 30. Januar 1933 begann eine Zeit, welche die deutsche Geschichte politisch zeichnete und auch pädagogische Spuren hinterließ.

Es wird angenommen, dass eine Analyse der Schulpädagogik die Mentalität der damaligen Zeit widerspiegelt und die politisch beeinflussende Erziehung verschleiert wurde und dennoch unübersehbar ist.

Im Folgenden wird der Musikunterricht an öffentlichen Schulen in der Zeit des dritten Reiches vorgestellt und die musikalische Erziehung im Schulunterricht genau betrachtet. Erwartet werden sichtbare manipulatorische Eigenschaften der Inhalte, wie auch Methoden. Außerdem wird davon ausgegangen, dass das damalige Unterrichtskonzept sich deutlich vom heutigen unterscheidet.

In diesem Sinne wird mit der Darstellung der Erziehungsvorstellungen und Schulpolitik begonnen. Es schließt sich ein Abschnitt über die Richtlinien und Lehrpläne an, sowie eine Präsentation der Aufgaben und Ziele des Musikunterrichtes. Als nächstes werden daraufhin die Unterrichtsinhalte und Unterrichtsmethoden, sowie die dazugehörigen Unterrichtsmaterialien betrachtet. All diese Punkte sind nicht nur aus geschichtlichem Interesse von Bedeutung, sondern lassen auch einen neuen Einblick in alte Strukturen zu, deren Erbe vielleicht immer noch zu finden ist. Diese Arbeit schließt mit einem Fazit, welches die einzelnen Erkenntnisse zusammenfasst und einen besonderen Fokus auf die Beantwortung der Hypothesen legt.

2. Erziehungsvorstellungen und Schulpolitik:

Der 30. Januar 1933 zog einige politische und gesellschaftliche Folgen mit sich, ohne dass die meisten Deutschen zu diesem Zeitpunkt davon ahnten. Viele erlebten den 30. Januar als einen Tag, der auf nichts Besonderes hindeutete. Mit der Gleichschaltung, welche einer Vereinheitlichung sämtlicher Lebensbereiche und Besetzung aller wichtigen Einrichtungen durch das NS-Regime war, bekamen alle wichtigen Tätigkeiten und Institutionen eine politische Funktion. „Schule" hatte einen besonderen Stellenwert für Hitler, denn sie war ein Ort, an dem die Entwicklung des „Wehrwillens" gefördert werden konnte und die Urteils und Kritikfähigkeit der jungen Schüler reduziert werden sollte.[1]

---

[1] Vgl. Platner, 1988, S.18-19.

Ziel war es, die Jugend zu einem opferwilligen und sich dem Führer unterordnenden Teil der Gemeinschaft zu formen. Aus diesem Grund war die nationalistische Propaganda und der Führerkult in den Schulen täglich präsent.[2]

Nicht nur die Sport und Wehrerziehung spielten eine wichtige Rolle, auch die Musik wurde für das „Erziehen" in der NS-Zeit benutzt. Musik und die „musische Erziehung" galten als besonders geeignete Mittel für die Vermittlung einer manipulierten Weltanschauung, sowie die Erschaffung einer Prägung des Einzelnen im Sinne einer nationalistischen Gemeinschaft. Aus diesem Grund wurde die Existenz von sozialen Unterschieden verschleiert und das Bild einer heilen, konfliktfreien Gesellschaft erschaffen. Der Begriff der „musischen Erziehung" war allerdings keine Erfindung des NS-Staates, denn das Ideal der Zurückbesinnung auf die Verbindung von Wissen und Leidenschaft reicht bis in die zwanziger Jahre zurück. Der Philosoph Hans Freyer und der Pädagoge Ernst Krieck prägten den Begriff und wiesen der Musik eine besondere, charakterformende Wirkung, sogenannte „Menschenformung" zu.[3]

Die „musische Erziehung" war nach der Machtergreifung aus der NS-Politik nicht mehr weg zu denken. Der Begriff sprach nicht ein Individuum an, sondern zielte auf das Bilden der Illusion von Gleichheit und Vermitteln eines Gemeinschaftsgefühls, welchem jeder einzelne unterliegen sollte. Dieses Verständnis von Erziehung durch Musik wurde zur Grundlage des Erziehungskonzepts der Schulmusikerziehung im Dritten Reich.[4]

Zu Beginn des Regierungswechsels 1933 ging der tägliche Schulalltag zunächst ohne besondere Eingriffe in die Schulpolitik weiter und hielt an den bisherigen Richtlinien und Plänen aus der Weimarer Republik fest. Schon bald kamen die ersten Forderungen vom NS Regime. Hitlers Fokus lag nicht auf der fundierten, fachlichen Ausbildung der Jugend, sondern fast ausschließlich auf der Indoktrinierung seiner Weltanschauung, sowie auf der Erschaffung einer Vereinheitlichung und der Umschulung zum nationalistischen Geist.[5]

Das neugeschaffene Reichserziehungsministerium von 1934 (REM), welches sich als Fachministerium und oberste Schulbehörde verstand, begann mit der Vereinheitlichung des Schulsystems. Die Schulverwaltung wurde allerdings sofort wieder den einzelnen Ländern übertragen.[6]

---

[2] Vgl. Antholz, 1993, S. 33 - 35.
[3] Vgl. Günther, 1986: S. 93.
[4] Vgl. Antholz, 1993, S.42.
[5] Vgl. Antholz, 1993, S. 68.
[6] Vgl. Günther, 1986 S. 100.

Hitler versprach der damaligen Bevölkerung nicht nur soziale Verbesserung und die Befreiung aus den „Fesseln" des Versailler-Vertrages, auch wollte er einen Staat erschaffen, indem Bildung jeder sozialen Klasse zugänglich war. Jedoch konnte Hitler seine Wünsche nicht umsetzten und es blieb bei der Erschaffung einer Illusion von gesellschaftlicher Konfliktfreiheit durch die NS-Schulpolitik.[7]

So gab die Schulpolitik im Dritten Reich den Lehrkräften vor, nationalistische, antidemokratische, rassistische und militärische Gedanken der Schüler aufzubauen und zu fördern.

Um diese Ziele besser verfolgen zu können wurden die Jungen und Mädchen in den Schulen getrennt. Wohingegen die Mädchen zu perfekten Hausfrauen und Müttern erzogen werden sollten, lag der Schwerpunkt bei den Jungen auf der Kriegsvorbereitung.

Die NS-Regierung legte großen Wert auf Disziplin, Sauberkeit, Ehre, Zucht und Ordnung. Interessanter Weise fanden diese Werte auch bei Nichtparteimitgliedern Zustimmung.[8]

Obwohl schon mit der Machtergreifung alle damaligen Lehrer dem NS-Lehrerbund beitreten mussten und alle anderen Lehrkräfte gekündigt wurden, kamen die ersten Eingriffe in die Schulpolitik erst ab 1936 bzw. neue Lehrpläne und Richtlinien erst 1937.[9]

Die zu erwartenden Manipulationen konnten gleich im ersten Punkt erkannt werden. Musik wurde nicht um des Musikwillens in der Schule unterrichtet, sondern um zu beeinflussen und ebenfalls die emotionale Seite der Schüler zu stimulieren. Musik galt als Ergänzung zur Rationalität und sollte im politischen Sinne das Wissen mit dem Gefühl verbinden, die Gesamtheit der Schülerpersönlichkeit anzusprechen und deutschtreue Menschen zu erschaffen. Im kompletten Gegensatz steht hierzu die heutige gewünschte Trennung von politischen Ansichten und Unterrichtsinhalten, sowie die beabsichtigte Förderung von Individualität.

Eigentlich positive Werte, wie Gemeinschaft und das Überwinden von sozialen Unterschieden, wurde das Gewandt von Rassismus übergestülpt und durch das Fehlen einer wirklichen Aufklärung, über die bestehenden gesellschaftlichen Konflikte, sinnentkernt. Trügerischer Weise kann diese Imbalance zwischen Angeblichem und Tatsächlichem auf den ersten Blick den vermeintlichen Eindruck von guten Elementen in einer grausamen Zeit vermitteln.

---

[7] Vgl. Günther, 1986, S. 100.
[8] Vgl. Platner, 1988, S. 104.
[9] Vgl. Nolte, 1975, S. 151.

3. Richtlinien und Lehrpläne:

Die Einwirkung des NS-Regimes auf den schulischen Musikunterricht erfolgte nicht nur durch neue Lehrpläne und Richtlinien. Nach der Machtergreifung spielte die „Umschulung" der Lehrkräfte im nationalsozialistischen Sinn eine entscheidende Rolle. Ebenso war sie dafür verantwortlich, wie die nationalistische Ideologie auf die Schulmusikerziehung umgesetzt wurde.

Bis 1937 wurden die Musikrichtlinien und Lehrpläne aus den zwanziger Jahren überwiegend von der Kestenberg-Reform übernommen. Erst zwischen 1937 und 1942 entstanden neue Richtlinien vom Reichserziehungsministerium für alle Schultypen, welche inhaltlich keine großen Veränderungen zeigten und weitgehend an die Reform der zwanziger Jahre erinnerten. Die größte Veränderung in den damaligen Vorgaben war, dass die musische Erziehung als „weltanschauliche Schulung" verstanden und die Richtlinien im Sinne der nationalistischen Erziehungsziele umfunktioniert wurden. Die Musikerziehung erhielt größte Aufmerksamkeit und, bis auf wenige Schulformen, wurde Musik als Schulfach nun durchgehend zwei Mal in der Woche unterrichtet. Dieses zeigt noch einmal deutlich, welch hohen Stellenwert Musik für die Schulpolitik hatte und das Musik längst nicht mehr zu den Randfächern zählte, sondern durch die besondere erzieherische Eigenschaft zum wichtigen Bestandteil der manipulatorischen Methoden wurde.[10]

Die ersten neuen Richtlinien erschienen 1937 für die unteren Jahrgänge der Volksschulen, die allerdings schon zwei Jahre später durch den Erlass „Erziehung und Unterricht in der Volksschule" aufgehoben wurden. Die Richtlinien von 1939 orientierten sich stark an denen von 1927. Viele Passagen wurden sogar wortwörtlich übernommen. Das Ziel des Musikunterrichtes von 1927 war es, den Schülern mit „Freude und Frohsinn" zu erfüllen. 1939 wurde dieses Ziel durch den weiteren Satz: „und durch ihre [der Musik] völkische und gemeinschaftsbildene Kraft dazu mithelfen, die Kinder zu deutsch-bewußten Menschen zu erziehen"[11] ergänzt. Die Musikerziehung wurde, wie alle anderen Fächer auch, zum Mittel nationalsozialistischer Manipulation und somit hatte sich ebenfalls die musikalische Komponente der Richtlinien (Notenlernen, Gehörbildung, Musikinstrumente) den völkischen-politischen Prämissen zu unterwerfen.[12]

In den Richtlinien der Hilfsschulen, welche heute der Förderschule gleich kommt, wurde nicht von Musik- sondern nur von Gesang gesprochen. Somit gab es in den Hilfsschulen keinen Musik-, sondern Gesangsunterricht, der überwiegend als therapeutisches Mittel für die Schüler eingesetzt

---

[10] Vgl. Nolte, 1975, S. 24.
[11] Günter, 1992, S. 129 Z. 12 - 14.
[12] Vgl. Nolte, 1975, S. 24.

wurde. Ziel war es, die Lust und Freude am Gesang zu wecken und die Kinder Teil der nationalsozialistischen Gemeinschaft werden zu lassen.[13]

In den Mittelschulen wurde der bisherige „musikalische Werkunterricht" 1939 durch „gemeinsam gesungen Lied" abgelöst. Mehr als die Hälfte des Unterrichtes sollte dem Singen gewidmet werden, wobei es überwiegend um die Funktion und nicht um die Musik an sich ginge. Während das Auswendig-Singen einen hohen Stellenwert hatte, traten Musiktheorie, Geschichte, Gehörbildung etc. in den Hintergrund. Auch in den Richtlinien der Hauptschule standen Singen und das Volkslied im Mittelpunkt des Musikunterrichtes. Das NS-Regime hatte dieser Schulform große schulpolitische Bedeutung für die künftige nationalsozialistische Volksbildung zugesprochen. Nicht z.b. das Blattsingen, sondern das Auswendiglernen sollte besonders gefördert werden. Dieses konnte jedoch nicht durchgesetzt werden, weshalb die Musikrichtlinien für die Hauptschulen fast wortwörtlich denen der Mittelschulen entsprachen.[14]

Die höhere Schule, die als Zweites 1938 neue Richtlinien erhielt, galt als Ausleseschule und nahm im Dritten Reich eine Sonderstellung ein. Die Richtlinien brachten eine Vereinfachung der Schultypen und die Reduzierung auf acht Schuljahre. Anders als in der Volksschule orientierten sich die Richtlinien in den höheren Schulen nicht mehr an die der zwanziger Jahre. Ungewöhnlich für damalige Verhältnisse war, dass die Notwendigkeit individueller, musikalischer Erziehung betont wurde. Verglichen zu den alten Lehrplänen war der neue wesentlich klarer und übersichtlicher. Trotz der manipulatorischen, ideologischen Grundsätzen, welche die Vorgaben durchzogen, war der Einbezug und die Bedeutung von Musik im Schulalltag erstaunlich, ebenso wie die zahlreichen eigengestalterischen Möglichkeiten der Lehrer. Die Musikerziehung hatte zum Teil größeren Stellenwert als die „weltanschauliche Schulung", weshalb dieses Konzept der Partei missfiel.[15]

Damit die Partei größeren Einfluss nehmen konnte und besser Kontrolle über die Schulsysteme hatte, entstanden die parteieigenen Schulen, auch „Heimschulen" genannt. Zu den „Heimschulen" zählten die „Adolf-Hitler Schule", die „Deutschen Heimschulen" und als Sonderform das „Musische Gymnasium". In den musischen Gymnasien ging es überwiegend um die Ausbildung von talentierten, musikalischen Kindern, weshalb diese Form auch den größten wirklich musikalischen Lehranteil besaß. In den „Adolf Hitler Schulen" hatte die Musik nur die Funktion der

---

[13] Vgl. Günther, 1986: S. 104.

[14] Vgl. Günther, 1992, S. 133 - 134.

[15] Vgl. Günther, 1986, S. 104 - 105.

Förderung von nationalistischer Gemeinschaftserziehung. Der Einfluss der Partei war hier am größten.[16]

Auch hier lässt sich festhalten, dass der primäre Zweck des Musikunterrichts die Manipulation war und vor der wirklichen Vermittlung von musikalischem Wissen stand.

Im Vergleich zum heutigen System kann gesagt werden, dass der Unterschied in der Musikerziehung in den verschiedenen Schulsystemen heute nur noch in den verschiedenen Niveaustufen liegt, wohingegen früher Musikwissen von Musikerziehung verdrängt wurde.

4. Aufgaben und Ziele:

Schulmusik hatte in dieser Zeit verschiedene Aufgabenfelder. Die Definitionen wurden so gewählt, dass sie Raum für verschiedenste Deutungen ließen. Alle intonierten das übergeordnete Ziel, die Kinder im Sinne des Landes zu erziehen. So wurde in den Zielen des Musikunterrichts allgemein auf den „Dienst am Volk, Einheit Deutschlands [sowie] völkisch-deutsche Gemeinschaft" verwiesen. [17] Auffällig ist, dass es sich bei den Formulierungen nicht um musikspezifische Ausdrücke handelt, sondern um eine allgemeine Anforderung der Erziehung einer neuen übersteigert patriotischen Generation. Erst das geschichtliche Wissen entschlüsselt die eigentlich düstere, manipulatorische Eigenschaft dieser Zielsetzung. Die „gemeinschaftsbildenden Kraft" der Musik, deren Aufgabe es war die Kinder zu „deutschbewußten Menschen" zu erziehen, sollte insbesondere durch das Pflegen des „deutsche[n] Musikgut[s]" mittels des Singen von Liedern erreicht werden.[18]

Die Kestenberg-Pläne, die eigentlich dazu galten, Musik interdisziplinär mit anderen Fächern zu verbinden, kreierten eine neue Art von Limitation. Nun wurde es ausschließlich für die Sozialisationszwecke missbraucht. Das Lied an sich brachte den Vorteil, dass es Gemeinschaft stiftet und sowohl von allen gesungen werden kann, als auch Texte vermittelt, die durch Melodien und Wiederholungen scheinbar ohne Mühe verinnerlicht werden. Außerdem werden für das Singen keine weiteren instrumentalen Vorkenntnisse benötigt, die Ungleichheit schaffen könnten. Das Ziel dieser eigenen Art der Erschaffung von einem „deutschbewußten Menschen", die damit verbundene Arroganz und der Rassengedanke wurde nicht explizit verschriftlicht, dennoch unbestreitbar erwartet.[19]

Interessanter Weise wurde trotz der Rassenideologie eine klare Erziehung zum „Deutschen" verlangt und es wurde nicht etwa davon ausgegangen, dass das Erbgut diese Funktion übernehmen

---

[16] Vgl. Günther, 1992, S. 136 - 145.
[17] Günther, 1992, S. 149, Z. 4-5.
[18] Günther, 1992, S. 149, Z 10.
[19] Vgl. Günther, 1992, S. 149.

könnte. Das komplette Erziehungsprogramm war politisch motiviert und hatte zunächst Vaterlandsliebe und später auch die Liebe zur Wehrmacht als Grundlage. Es wurde von der Wiedervereinigung „der alten Einheit von musischem Leben, Staat und Volk" gesprochen.[20] Es kann festgehalten werden, dass Musik als Schulfach nicht mehr als ein Puzzlestück der NS-Überzeugungen war und fachspezifische Lernfortschritte an Bedeutung verlor. Formulierungen über ein politisches Volksideal fanden leicht den Weg in Unterrichtskonzepte und so wurde die „musische Erziehung" zur „nationalsozialistischen Erziehung".[21] Jedes musikalisches Können wurde für unwichtig und unwert erklärt wenn es nicht auf der Gemeinschaft zugute kam. Der eigentliche Sinn eines Musikunterrichts wurde somit aufgelöst und an dessen Stelle trat eine Erziehungseinheit zum Formen einer konformen neuen Generation.

Im Allgemeinen waren daher die Ziele und Aufgaben des Musikunterrichts nicht mehr fachlicher, sondern politischer Natur. Die leere Hülle des Schulfaches, aufgefüllt mit volksverherrlichenden Liedern, getragen von der Wiederbelebung einer Verknüpfung von „Musik, Wort und Bewegung"[22] und der besondere Fokus auf den politischen Nutzen, bildete die Basis für die im folgenden aufgeführten Inhalte des Faches Musik.

5. Unterrichtsinhalte:

Die Unterrichtsinhalte folgten dem schon Bekannten und reihten sich in eine seit Jahrhunderten bestehende Tradition des Einbezugs des Volkslieds und Singens als zentrale Einheit der Musikerziehung und des Musikunterrichtes. Viele ältere Lehrer sahen diese Fokussierung als sehr willkommen an. Selbst die Inhalte der Volksschulen und die der höheren Schulen aus der Kestenberg-Reform stellten das Singen an oberster Stelle des Schulmusikunterrichtes.[23]

Die politische oder kirchliche Intention der Lieder war schon bekannt und viele erkannten nicht, aus Zufriedenheit über die Beibehaltung der Tradition, die wirkliche manipulatorische Macht dieser Musik. Man war davon überzeugt, dass das Singen von Liedern, im Gegensatz zum Instrumentalunterricht, das Gemeinschaftsgefühl stärkte und im Sinne der nationalistischen Erziehung die Weltanschauung der Schüler auf die willkommene und beste Weise beeinflusse.[24]

Aus diesem Grund wurden überwiegend deutsche Volkslieder ausgewählt, in denen der Zusammenhalt von Gruppen („Wir-Gefühl") thematisiert wurde. Diese Lieder sollten allerdings nicht theoretisch erklärt oder kritisch reflektiert, sondern einfach verinnerlicht und gesungen

---

[20] Günther, 1986, S. 106, Z. 12 .

[21] Vgl. Günther 1992, S. 150.

[22] Vgl. Günther 1992: S. 151.

[23] Vgl. Antholz, 1993, S. 71.

[24] Vgl. Nolte, 1975, S. 152.

werden. Sprecherziehung und chorische Stimmbildung waren ebenso wichtige Bestandteile des Unterrichtes, wodurch auch das Singen noch mehr an Bedeutung gewann. Um den Fokus auf den Text und somit auf die nationalistische Weltanschauung zu lenken, wurden Lieder ausgewählt oder komponiert, die einfach aufbaut waren, kleine Intervall-Schritte und einen geringen Ambitus hatten. Die meisten Strophen sollten die Sehnsucht nach der Hitlerjugend oder dem Krieg auslösen.[25]

Durch die Jugendmusikbewegung wurde in den zwanziger Jahren Improvisation ebenfalls zu einem beliebten Thema des Fachs Musik. Die Richtlinien des Dritten Reiches hingegen versuchten diese Thematik schnell aus dem Unterricht zu entfernen, da die Phantasie und Kreativität, die hierdurch gefördert werden, „Ehrfurchtlosigkeit" und Individualität hervorrufen könnten. Bis auf die Hauptschule tauchte in allen Schulformen die Improvisation als Bestandteil der Richtlinien auf, allerdings wurde sie nie umgesetzt.[26]

Die in den zwanziger Jahren verfassten Richtlinien wurden als rhythmische Erziehung und rhythmische Gymnastik in die Lehrpläne mit aufgenommen. Dieser methodische Aspekt sollte zum Beispiel als Hilfe bei der Hörerziehung oder des zu erlernenden Liedes angewendet werden. Emile Jaques - Dalcroze war der Begründer der rhythmischen Gymnastik und seine Bewegungserziehung wurde vor allem in Gymnastikschulen unterrichtet.
Ursprünglich war auch das Wirken des Komponisten Carl Orff auf die rhythmische Gymnastik ausgerichtet. Gemeinsam mit dem Instrumentenbauer Karl Maendler entwickelte er ein neues Instrumentarium, das für Laien schnell zu erlernen und einen elementaren Aspekt in der musikalischen Erziehung darstellen sollte. Zwischen 1930 und 1935 verfasste Carl Orff sein „Schulwerk", dass allerdings zuerst an Bewegungsschülerinnen der „Günther Schule" für Musik und Tanz in München erprobt wurde. Carl Orff wollte mit seinem Werk eine einfache Musik anbieten, die von Kindern schnell erlernbar war, wodurch er sich mit der damals aktuellen Diskussion über „das schaffende Kind in der Musik" (Jöde) in Beziehung setzte. Die neue pädagogische Leitlinie wurde von vielen Seiten kritisiert, da man weder bereit war sich auf Neuerungen einzulassen, noch Bereitschaft für Investitionen in ein fremdes Instrumentarium bestand. In allen Schulformen hatte die rhythmische Erziehung keinen hohen Stellenwert, obwohl die Richtlinien auf die Wichtigkeit der Rhythmik hinwiesen. Stattdessen wurde die rhythmische Erziehung im Unterricht auf Gemeinschaftstänze und Dirigierübungen beschränkt.[27]

---

[25] Vgl. Günther, 1986, S. 108.
[26] Vgl. Günther, 1992, S. 159.
[27] Vgl. Günther, 1992, S. 163 - 164.

Das Instrumentalspiel wurde den Schülern erst in den zwanziger Jahren nähergebracht. Neben den schon vorgestellten Themen sollte auch die Instrumentalmusik einen wichtigen Stellenwert im Musikunterricht haben und die Schüler zu einem Orchester zusammenbringen. Um Schüler für Festivitäten vorzubereiten wurde auch in den Richtlinien von 1938 nach diesem Instrumentaleinsatz gefordert. Wenn auch der pädagogische und musikalische Sinn der Instrumente erkannt wurde, stand trotzdem Lied und Singen im Mittelpunkt und der Einsatz der Instrumente blieb lediglich eine Randerscheinung.[28]

Wenn Instrumente doch im Unterricht eine Verwendung fanden, am häufigsten waren es die Gitarre und ab den dreißiger Jahren die Blockflöte, waren sie überwiegend an Lied und Singen gebunden. Fritz Kauschke fasste diese Situation in diesem Satz zusammen: „Nur wenn zwischen Singen und Spielen eine Einheit (z.B. durch das Liedgut gewährleistet) besteht, wird auch das Instrumentalspiel in organischer Weise in das Gesamtleben des Kindes einbezogen.[29]

Gehörbildung, die in Verbindung zum Notenlernen stand, wurde neben dem Musikhören und der Werkbetrachtung nur als Randgebiet des Musikunterrichtes angesehen. Zweifellos stand Lied und Singen im Mittelpunkt des Musikunterrichtes. Die anderen Themengebiete hingegen dienten lediglich als Ergänzung.[30]

An diesem Punkt kann gesagt werden, dass Lied aufgrund seiner vielseitigen manipulatorischen Möglichkeiten unüberraschender Weise im Mittelpunkt steht. Jedoch ist es erstaunlich, wie viele Grundsteine der heutigen Musikerziehung, wie die immer noch aktuell interessanten Ausführungen von Carl Orff, in einer solchen Zeit entstehen konnten.

6. Unterrichtsmethoden:

Wendet man sich nun der Methode zu, welche den damaligen Unterricht formte, fällt zunächst etwas ins Auge. Heutige Probleme einen einheitlichen Plan für den Musikunterricht zu finden, sind schon früher aktuell gewesen. Es gab Streitigkeiten über die korrekte Art und Weise des Notenvermittelns und junge Lehrer erhofften sich von den anstehenden Neuerungen eine Verbesserung bezüglich der Vergleichbarkeit einzelner Herangehensweisen. Es wurde bislang nur eine Stringenz innerhalb einzelner Schulen verlangt, nicht aber übergreifend Lehrziele vorgegeben.[31]

Momentan geben zwar Kerncurricula vor, was in einer vorgegebenen Zeit erreicht werden soll, doch trotzdem erscheinen einem Berichte von Lehrern, die von der Frustration sprechen, mit jeder

---

[28] Vgl. Nolte, 1975, S. 25.
[29] Günther, 1992, S. 165, Z. 2 -5.
[30] Vgl. Günther, 19886, S. 109.
[31] Vgl. Günther, 1992, S. 166.

Klassenstufe wieder mit den Notennamen anfangen zu müssen. Auch in der zu betrachtenden Zeit waren die wirklichen Neuerungen nicht die Antworten, die von Fachseite erwartet wurden. Einheitlichkeit innerhalb einer Schule war nicht genug und Äußerungen wurden laut, über den Wunsch nach Vorgaben für den zu bearbeitenden Stoff in einen vorgegebenen Zeitraum. Musikunterricht sollte erfahrbar und praxisbezogen werden.[32]

Die Verbindung von Geschichte und Musik dehnte sich soweit aus, dass eine unbefangene Betrachtung der Kunstwerke fast unmöglich gemacht wurde. Diese Deutungsbeeinflussung sollte animierend wirken. Aus heutiger Sicht muss man dieser Wirkung zustimmen und trotzdem betonen, dass sie nicht unreflektiert im Zentrum der Analyse stehen darf.

Als weiteres Charakteristikum des damaligen Unterrichtes muss außerdem die Sprache genannt werde. Es wurde versucht die Theorie durch angeblich kindgerechte Worte ansprechender zu vermitteln. Betrachtet man Schulliteratur dieser Zeit muss jedoch festgestellt werden, dass die Fakten in einem fast zu unseriösen Licht dargestellt werden. Die eigentliche Präsentation, die der Lehrerpersönlichkeit überlassen werden sollte, ist schon in den eigentlichen Referenzen vorgelegt. Außerdem war diese Kinderfreundlichkeit so abgerückt von den eigentlichen Inhalten des Unterrichts, dass nachdem die Noten gelernt wurden, diese gar nicht im neuen Umfeld wieder erkennbar waren. Die märchenhaften Formulierungen verschleierten die Begriffe, die eigentlich für die Kinder von Bedeutung wären, um im weiteren Unterrichtsverlauf wieder darauf zurückgreifen zu können.[33]

Des Weiteren basierte der Musikunterricht bevorzugt auf Texten, ohne differenziert nach dem eigentlichen Nutzen dieser Herangehensweise für das Verständnis der wirklichen Musik zu fragen. Der eigentliche Daseinszweck des Unterrichts und seinen ihn auszeichnenden musikalischen Sinn, wurde nicht mit in die Methodengestaltung mit einbezogen und hinterlässt eine Unausgeglichenheit. Außerdem wurde in Bezug auf Musikunterricht das Erlebnis großgeschrieben, jedoch gleichzeitig die eigentliche Theorie in den Schatten gestellt. Es ging soweit, dass die theoretische Herangehensweise als zu „verkopft" abgelehnt wurde. Der Fokus lag anstatt dessen auf dem Einbezug der Emotionen der Schüler um einen „suggestiv-ganzheitlichen Eindruck" zu vermitteln.[34]

Wie es schon zu vermuten war, wurde das eigenständige, reflektierende Denken in der Schule unterdrückt. Es war das Ziel Sprachäußerungen zu lenken und im Sinne der nationalsozialistischen Ideale zu formen. Der Musikunterricht hatte somit ebenfalls die Aufgabe, Kreativität und

---

[32] Ebd.
[33] Vgl. Günther, 1992, S. 168.
[34] Vgl. Günther, 1992, S. 168 - 169.

Individualität durch Konformität und Gleichheit zu ersetzen. Wiederholung sollte Wissen schaffen und den gewünschten Geschmack anerziehen. Durch die Repetition der „richtigen" Musik und Inhalte sollte den Schülern der Eindruck vermittelt werden, dass sie freiwillig und aus eigenem Antrieb heraus ihren Geschmack entwickeln. Es sei an dieser Stelle angemerkt, dass trotz der Gemeinsamkeiten bezüglich der Wünsche nach besser aufeinander aufbauenden Unterrichtsvorgaben, diese manipulatorische Eigenschaft vollkommen dem heutigen Ideal, des Integrierens widerspricht. [35]

Schüler sollten fast ausschließlich Musik erfahren und selbst gestalten. Lieder waren deutlich bevorzugt und Schallplatten waren nur im Notfall einzusetzen. „Aktivität und Selbsttätigkeit" wurde gefördert, wohingegen „kontemplatives Genießen, musikalisches Denken und Erkennen" keine Rolle mehr spielten.[36]

Lehrer hatten musikalisch gut ausgebildet zu sein und den Unterricht auf eine praktische Weise zu anzuleiten. Dieses vorausgesetzte musikalisches Können und die methodische Ausbildung steht im Gegensatz zu den Zeitzeugnissen, die besonders in der Grundschule die Qualität des Unterrichts in Frage stellen.[37]

Aus heutiger Sicht sind die angeführten Methoden sehr fraglich. Es wird deutlich, dass der Musikunterricht nicht seinen ursprünglichen Zweck erfüllen muss. Die Art, in der die Theorieeinheiten aufgebaut sind, ist so unfachgemäß, dass sie selbst Zeugnis für ihre eigentliche Unwichtigkeit ist. Zwar ist es positiv anzumerken, dass die Lehrausbildung scheinbar sehr ernst genommen wurde, doch stellt sich die Frage, in wie weit dies Einfluss auf den späteren Unterricht hatte. Leider muss man in diesem Zusammenhang bestätigen, dass dieses Qualitätsproblem den Musikunterricht betreffend auch heute noch nicht (aufgrund von Lehrermangel oder ungleichen Ausbildungen) behoben ist.

6.1. Unterrichtsmaterialien:

Obwohl schon in den 20er Jahren technische Mittel wie Film, Bilder, Schallplatten und Rundfunk in der Schule zur Verfügung standen, war der tatsächliche Gebrauch sehr selten. Vor und in der Zeit des Dritten Reiches, ließ sich eine große Abneigung diesen technischen Neuerungen gegenüber feststellen. Einblick in diese Mentalität verleiht ein Erlass von 1924, der besagte, dass für den

---

[35] Vgl. Günther, 1992, 170.
[36] Ebd.
[37] Ebd.

Musikunterricht lediglich nur eine Geige, Stimmgabel und eine Tafel mit Notenlinien vorhanden sein müssten.[38]

Auch im Dritten Reich änderte sich daran wenig. Selbst in den Richtlinien wurde kein Wort über die pädagogische Funktion von Film oder Bild verloren. Selbst die Benutzung vom Rundfunk der „Jugend und Schulrundfunk", der ab 1933 von der Hitler-Jugend übernommen wurde, war nur schwer umzusetzen. Zum einen lag es an fehlenden Schulfunkgeräten, die Skepsis allem Neuem gegenüber und die organisatorischen Schwierigkeiten, um Schulzeiten mit Sendezeiten zu verknüpfen. Lediglich Schallplatten fanden, vor allem in den „Höheren Schulen", ihren Weg in den Schulunterricht. Neben einer Reichsstelle in Berlin, die für die Überprüfung der Schallplatten verantwortlich war, entschieden auch die einzelnen Lehrkräfte, je nach Neigung, welche Schallplatten im Unterricht „geeignet" waren oder nicht. Dennoch blieb das Musizieren bevorzugt.[39]

Die am weitesten verbreiteten und am meisten benutzten Musikunterrichtsmaterialien waren Liederbücher. Es lassen sich drei verschiedene Arten von Schulliederbüchern erkennen, die sich unterschieden nach Schularten, Klassen- und Altersstufen, die unterschiedliche Bereiche behandelten und Ziele verfolgten. Zum einen gab es die Liedersammlungen mit dem Schwerpunkt auf die textinhaltlichen Aussagen. Des Weiteren gab es Liedersammlungen, die methodische Gesichtspunkte behandelten wie z.b. die Einführung in Notenlehre, Notensingen und Liederbücher. Außerdem gab es mehrbändige Musikschulwerke die verschiedene Themenbereiche behandelten. Überwiegend wurden jedoch die Liederbücher verwendet, um mit ausgewählten Liedern den Schülern Gemeinschaft zu übermitteln. [40]

Neue Liederbücher, die sie nach den REM-Richtlinien orientierten, erschienen erst ab 1939. Bis dahin wurden auf die alten Liederbücher, die vor 1933 verfasst wurden, zurückgegriffen. Allerdings wurden diese nicht ohne eine gründliche Kontrolle in den Unterricht integriert. Gegebenenfalls wurden Inhalte verändert, um den nationalsozialistischen Überzeugungen nicht zu widersprechen und Ergänzungshefte verfasst, um sich so den neuen Verhältnissen anzupassen und die Ideologie zu vermitteln. Die alten Schulmusik- und Liederbücher standen nicht im Einklang mit den von der REM aufgestellten Anforderungen, da sie nicht die politischen Interessen mit einbezogen und somit nicht den manipulatorischen Dienst übernehmen konnten.

Es lässt sich auch in dieser Kategorie nur von einer Bestätigung der überdimensionalen Manipulation sprechen. Arbeitsmittel, die auf eine solch penible Weise überarbeitet werden, nur um

---

[38] Vgl. Günther, 1986, S.117.
[39] Vgl. Antholz, 1993, S. 73.
[40] Vgl. Günther, 1986, S.116.

eine Ideologie zu vermitteln, ohne dass eine fachliche Überarbeitung statt findet, lassen erkennen, wie weit der Wille der Beeinflussung reicht.

7. Fazit:

Zusammenfassend lässt sich festhalten, dass der Schulmusikunterricht im Dritten Reich vieles aus der Kestenberg-Reform übernommen hat und sogar noch über viele Jahre weitergeführt wurde. Durch die neue aufgezwungene Aufgabe, der Erschaffung von patriotischen und unreflektierten Kindern wie jungen Erwachsen mussten jedoch einige Änderungen eingeführt werden, die selbst den Involvierten zum Teil nicht als das was sie wirklich waren ins Auge stachen. Viele Neuerungen, die aus Traditionen entstanden, wurden gerne von Lehrern umgesetzt, selbst wenn diese nicht Teil des Systems waren, oder es sogar ablehnten. Das Fach Musik als politisches Mittel einzusetzen hatte zur Folge, dass das Singen als Schwerpunkt im Unterricht beibehalten wurde, wobei die endgültige Planung des Unterrichtes in allen Schulformen stark an den einzelnen Lehrkräften hing. Dieses war auch ein Grund, weshalb trotz aller Bemühungen die ideologischen Gedanken im Unterricht zu verankern, nur Lied und Singen in diesem Sinne erfolgreich waren und die Überzeugungen sich ansonsten kaum umsetzten ließen. Auch Musik als gemeinschaftliches Medium war nur eine Weiterführung der alten Traditionen. Doch eben diese Verankerung in Althergebrachtem, welches sich auf den ersten Blicken nie den neuen Aufgaben ergeben wird, ist der Schlüssel für eine funktionierende, schleichende Manipulation. Es beginnt mit Liedertexten und Gemeinschaftsgefühl und endet in blinder Staatsliebe und Rassenhass. Die Konzentration auf die Eliminierung von individuellem Denken und das Unterbinden von Kreativität, scheinen unvereinbar mit dem heutigen Verständnis von Musikunterricht. Methoden, Inhalten und Materialien wurden auf eine geschickte Weise mit spannender Eintönigkeit gefüllt, dass ein Gemeinschaftsgefühl erschaffen wurde, das gewünschte deutsche Lied und Musikgut verinnerlicht und die einzelnen Schüler in ihrem Klassenverbund zum Puzzelstück eines Gesamtbildes wurden. Musik als Herz von nationalsozialistischen Gedanken und Verknüpfung von Erlerntem und Gewünschtem.

Singen und Musizieren schafft Freude und emotionale Involviertheit. Auch heute ist der Musikunterricht geladen von Schüleremotionen, doch wird ein reflektierter Umgang mit Musik angestrebt. Eigene Interessen sind gewünscht und Kreativität wird gefördert. Durch die damalige Abkehr von einer vom Schüler ausgehenden Analyse, wurde die Emotion, welche die Kinder bei einem Stück zu empfinden hatten, schon vorgegeben. Dieses Schrittweise auswendig lernen schuf Konnotationen, wie die gewünschte Weltanschauung, Gemeinschaftsgefühl und blinde Begeisterung. Lieder und Märsche ließen sich im Dritten Reich als Massengemeinschaft erleben und lösten überwältigende Gemeinschaftsgefühle aus. Positive Eigenschaften der Musik wurden missbraucht und gute Pädagogische Ansätze ignoriert oder adaptiert. Auch wenn sich Schriften, wie zum Beispiel von Carl Orff, bis in die heutige Zeit als inspirierend erweisen, die Wertschätzung einer guten Lehrausbildung auch heute noch gewünscht wird und Lieder zu jeder Zeit im Musikunterricht ihren Gemeinschaftsbildenden Charakter nicht verlieren sollten, ist der Musikunterricht im Dritten Reich ein Bild der schrecklichen Überzeugungen des NS-Regimes. Die manipulatorische Kraft durchzieht jede Eigenschaft des Unterrichts und beweißt, auf welche erschreckend geschickte Weise ein Mann seine Überzeugungen bis in eine Schulklasse hineintragen konnte, ohne dass geübte und erfahrene Lehrer erkennen, dass sie selbst zum Instrument der Erschaffung einer neuen Kriegsgeneration werden.

Literaturverzeichnis:

- Antholz, Heinz: *Zur (Musik-)Erziehung im Dritten Reich : Erinnerungen, Erfahrungen und Erkenntnisse eines Betroffenen.* In: *Forum Musikpädagogik, Band 8.* Augsburg: Wißner 1993.

- Günther, Ulrich: *Die Schulmusikerziehung von der Kestenberg-Reform bis zum Ende des Dritten Reiches.* In: *Forum Musikpädagogik, Band 5.* Augsburg: Wißner 1992.

- Günther, Ulrich: *Musikerziehung im Dritten Reich - Ursachen und Folgen.* In: *Geschichte der Musikpädagogik. Handbuch der Musikpädagogik, Band 1.* Hrsg. von Hans Christian Schmidt. Kassel: Bärenreiter 1986.

- Nolte, Eckhard: *Lehrpläne und Richtlinien für den schulischen Musikunterricht in Deutschland von Beginn des 19. Jahrhunderts bis in die Gegenwart: Eine Dokumentation.* In: *Musikpädagogik: Forschung und Lehre, Band 3.* Mainz: Schott 1975.

- Platner, Geert: *Schule im Dritten Reich. Erziehung zum Tod: Eine Dokumentation.* Köln: Pahl Rugenstein 1988

BEI GRIN MACHT SICH IHR WISSEN BEZAHLT

- Wir veröffentlichen Ihre Hausarbeit, Bachelor- und Masterarbeit

- Ihr eigenes eBook und Buch - weltweit in allen wichtigen Shops

- Verdienen Sie an jedem Verkauf

Jetzt bei www.GRIN.com hochladen und kostenlos publizieren